8° R
6469.

AF257125

ASSISTANCE MUTUELLE

LA FAMILLE

SOCIÉTÉ

D'ASSISTANCE MUTUELLE

CONTRE

LES ACCIDENTS DE LA VIE

ET POUR SES BESOINS

1° Assistance médicale; 2° Assistance judiciaire;
3° Assistance économique; 4° Assistance éducatrice;
5° Assistance filiale;
6° Assistance providente.

PAR LE DOCTEUR

ANTOINE LEMBERT

Grand prix Montyon de l'Académie des Sciences,
premier lauréat des hôpitaux civils de Paris, médecin des épidémies
du département de la Seine,
auteur de la Méthode endermique.

Prix : 75 Cent.

PARIS

CHEZ COMON, LIBRAIRE

45, QUAI MALAQUAIS

—

1851

ASSISTANCE MUTUELLE

LA FAMILLE

SOCIÉTÉ

D'ASSISTANCE MUTUELLE

CONTRE

LES ACCIDENTS DE LA VIE

ET POUR SES BESOINS

1º Assistance médicale ; 2º Assistance judiciaire ;
3º Assistance économique ; 4º Assistance éducatrice ;
5º Assistance filiale ;
6º Assistance providente.

PAR LE DOCTEUR

ANTOINE LEMBERT

Grand prix Montyon de l'Académie des Sciences,
premier lauréat des hôpitaux civils de Paris, médecin des épidémies
du département de la Seine,
auteur de la Méthode endermique.

PARIS

CHEZ COMON, LIBRAIRE

15, QUAI MALAQUAIS

—

1851

PAUPÉRISME ET ASSISTANCE

L'*Assistance* aux malheureux tombés dans la détresse, l'amélioration physique et morale de ceux qui végètent dans la gêne du présent et dans l'anxiété de l'avenir, est devenue la principale préoccupation de notre époque; et les esprits les plus élevés sont aujourd'hui constamment dirigés vers l'indispensable solution de ce problème.

Grâce à de si généreux efforts, cette solution paraît prochaine.

Ce n'est pas que certaines souffrances ne soient liées à notre sensibilité organique et à des causes de force majeure : on ne peut leur opposer, à celles-là, que la résignation ; mais la plupart de nos misères ont leur source dans le milieu désordonné où nous vivons, dans les accidents imprévus qui s'y multiplient sans obstacles, accidents qui nous minent le corps et l'âme, qui exaspèrent notre sensibilité jusqu'à la maladie, abattent nos forces de résistance, et décuplent ainsi le mal par une réaction incessante de l'effet sur la cause.

Les calamités de ce monde se tiennent et s'engendrent; il est rare qu'atteint par l'une, on ne subisse les maléfices de toutes les autres ; mais par contre, et cette considération est la clef de l'Assistance, les biens et les succès s'enchaînent aussi dans une filiation réciproque, et l'un conduit toujours à l'autre.

Il n'est donc permis à personne de taxer de rêves ou d'utopies les aspirations des âmes généreuses, et de dire aux élans du cœur : Vous n'irez pas plus loin; les bornes de mon esprit seront celles de la charité.

Le corps social a ses maladies comme le corps humain : elle rentrent toutes dans le Paupérisme. La première chose à faire en vue d'un traitement radical, c'est de rechercher les causes génératrices; cette étude est surtout indispensable quand on se propose, comme la Société **la Famille**, bien moins de traiter ou de pallier le mal, que de le prévenir.

Quelles sont ces causes? Interrogeons l'histoire :

Chez les anciens, les cas de dénûment complet étaient généralement isolés, sporadiques, accidentels, et assez rares pour qu'on les attribuât à la Destinée. Chez les modernes, le Paupérisme est un mal constitutionnel, permanent, endémique, qui, par exemple, affecte le douzième des habitants de la ville de Paris, sans compter les pauvres non enregistrés, le sixième de la population dans certaines contrées industrielles, et en Irlande, chose inouïe, presque tout un peuple; à ce point qu'en 1835, la grande enquête établit que sur 8,500,000 habitants, 5,000,000 étaient chaque année exposés à mourir de faim (1). Mais combien diffère l'économie sociale des anciens de celle des modernes!

La première cause du Paupérisme, son germe pour ainsi dire, c'est l'insuffisance de l'exploitation agricole et le vice de son organisation : l'agriculture chez les anciens était la principale occupation de la vie; on la tenait en grand honneur, et la tradition attribuait aux dieux l'enseignement de cet art; l'industrie, au contraire, était nouvelle et tellement subordonnée, que la mythologie cachait dans les entrailles de la terre les travaux et les difformités de Vulcain.

Un homme, quel qu'il soit, ne peut consommer qu'une somme de produits agricoles limitée par la capacité de son estomac, tandis que ses bras en font rendre au sol dix fois davantage. Les premiers besoins étaient donc dans l'antiquité surabondamment satisfaits; mais en matière d'industrie, surtout d'industrie de luxe, c'est presque l'inverse. Les besoins industriels sont sans limites; souvent un homme occupe un nombre indéfini d'artisans aux superfluités de sa vie ; et chaque ouvrier ne produit plus dans les arts et métiers qu'une fraction de ce qui fait l'existence complète d'un autre homme ; loin de rapporter pour huit ou dix comme le laboureur, il ne rapporte pas toujours pour un.

Vienne le chômage, vienne la concurrence, vienne la rareté des grains, et la misère ne se fait pas attendre. Tout dérive de là.

L'industrie doit toujours céder le pas à l'agriculture. Le commerce doit être simplifié et régularisé par des lois.

Voilà ce qui fait en grande partie la prospérité des États-Unis : la mendicité n'y est pas interdite, parce qu'elle y est inconnue.

Chacun jadis, quelles que fussent l'inégalité des positions et l'inflexibilité de la hiérarchie sociale, se rattachant à une maison, la servitude elle-même établissait une connexion étroite, une solidarité entre le maître et les esclaves, et le serf du moyen âge prenait au moins racine dans la glèbe. Toute la clientèle, toute la domesticité de la maison vivait à la charge et sous la reponsabilité du chef, comme vivent encore aujourd'hui les nègres de certaines contrées où l'esclavage n'est pas encore aboli.

Aussi l'Assistance était-elle restreinte chez les anciens comme la misère dont elle est le corollaire obligé : elle se bornait généralement chez eux à l'hospitalité domestique envers les étrangers et les passants; à défaut d'établissements publics pour les voyageurs, on convint tacitement d'ouvrir sa porte à qui n'aurait pas d'asile; on proclama le malheur une chose sacrée, *res sacra miser*, et l'hospitalité fut le plus saint des devoirs.

Mais dans cette voie le christianisme a tout dépassé : en présence du vieux monde croulant de toutes parts, des migrations et des invasions des peuples, à travers le pillage et l'incendie, des proscriptions réciproques, du bouleversement de toutes les existences, du ravage et de l'abandon des cultures, de la famine, enfin, et de la peste venant mettre le comble à ces catastrophes, que fit le christianisme? Il éleva son symbole de paix et de rachat au milieu des combattants et des sophistes; il s'interposa avec amour et confiance entre la convoitise et l'égoïsme; et faisant ouvrir à chacun son cœur et sa maison, il fonda l'Assistance publique la plus large qu'il soit possible d'imaginer. Son secret, c'étaient ces mots tombés du ciel : *Aimez-vous, secourez-vous les uns les autres;* c'était aussi le sang de ses martyrs.

Cependant la chaîne de l'esclavage se rompait, et avec elle, la solidarité qui faisait vivre le maître et le serviteur sous le même toit, à la même table. Le travailleur ne se rattachant plus à rien, et rien ne se rattachant plus à lui, il connut tous les malheurs d'une indépendance dérisoire ; il était libre, mais déraciné. Il est vrai qu'on ne le nommait plus *une chose;* il n'était plus considéré comme une machine, soigné comme un cheval ; mais il avait peut-être perdu à cette transformation ; il devenait un homme souvent inutile, et regardé parfois comme dangereux.

L'émancipation des communes fit affluer les ouvriers dans les villes ; et succombant sous le poids des redevances, les campagnes furent délaissées ; l'industrie prit un grand essor, mais les bras libres se trouvèrent trop nombreux pour le pain qui se récoltait. D'autre part, ces travailleurs de l'industrie se firent concurrence dans les manufactures ; on se passa des moins habiles ; les autres eurent à subir de longs chômages, et tous les maux, comme toutes les charges qu'avait supportés autrefois le seigneur châtelain : révolutions et guerres, maladies, infirmités, éducation de l'enfance et protection de la vieillesse ; enfin tous les sinistres provenant de la nature et du fait de l'homme, comme aussi toutes les obligations morales, retombèrent d'un poids écrasant sur les travailleurs devenus maîtres d'eux-mêmes.

Les classes nécessiteuses virent ainsi diminuer leurs ressources, et leurs fardeaux s'aggraver dans l'isolement ; rien pour compenser le bénéfice de l'esclavage ! En revanche, l'humiliation de la servitude fut remplacée par la honte de la misère ; l'abaissement moral n'avait rien perdu.

Alors commencèrent ces guerres faméliques, ces Jacqueries qui épouvantent l'imagination des peuples et la pensée des hommes d'État.

Guerres impies ! — malentendus sans doute — mais comment les prévenir ? Car si le proverbe vulgaire ne dit que trop vrai dans sa trivialité : *ventre affamé n'a pas d'oreilles ;* on doit ajouter : ventre effrayé n'en a pas davantage. Si quelques princes ont confondu parfois le gouvernement d'un peuple avec l'exploitation d'une ferme générale, la paternité du pouvoir avec l'exaction de la conquête ; s'ils ont gouverné sous l'inspiration machiavélique de ce principe : *diviser pour régner ;* les peuples à leur tour ont souvent assimilé la soumission à l'ordre public et l'enchaînement des fonctions sociales, aux entraves de l'asservissement ; ils ont pris la liberté pour la dispense de tout devoir, pratiquant ainsi l'égoïste maxime : *chacun pour soi,* ou bien, exagérant au contraire les nécessités de l'union , les gouvernés ne surent pas toujours faire la différence entre l'unité et l'uniformité, entre la solidarité et le pêle-mêle ; ils ne virent pas assez que le rapprochement des citoyens n'est pas la promiscuité des individus, et, pour nous servir d'une comparaison empruntée à la physiologie, que l'engrenage des organes diffère essentiellement d'un système qui les aurait immobilisés en les rivant l'un à l'autre. Ces causes secondes nous ont conduit à la division et au morcellement des sociétés modernes ; c'est-à-dire au paupérisme, qui en est la suite inévitable.

Le paupérisme, en effet, envahit aujourd'hui les États les plus prospères en apparence : aussi redoutable par la cherté croissante du remède, que par les progrès du mal. En Angleterre et en France, cette question est en tête de l'ordre du jour des assemblées législatives ; les gouvernements appellent au secours, à défaut d'une science assez avancée, la charité qui est l'essence de nos religions, et les lois répressives dont elle est l'adoucissement ; de sorte, qu'en attendant qu'on ait fait une science de ce qui n'est encore qu'une vertu, la charité donne la quiétude aux riches et la résignation aux pauvres. Efforts insuffisants ! sous les topiques de l'assistance, le mal creuse et s'étend, et l'on peut prévoir le jour où la générosité publique sera débordée.

Loin de nous la pensée d'incriminer personne : l'histoire a sa logique, logique fatale, dont nous n'avons vu que les prémisses sanglantes, et dont l'heureuse conclusion ne sera pas moins voulue. Nous n'avons d'autre but que de venir en aide au public, en instituant une grande mutualité, et même d'offrir notre concours à l'administration, en appuyant ses efforts et ses sacrifices, autant qu'il est en nous.

Le traitement du paupérisme est préventif, curatif ou palliatif.

La société **la Famille** n'a en vue que les deux premiers modes ; le dernier est une tâche qui ne peut être remplie que par l'administration publique. Aux misères constitutionnelles, à l'indigence invétérée, et par cela même incurable, le traitement palliatif, l'adoucissement par les secours de la charité sociale et privée. Mais aux positions précaires, peu aisées, sujettes à des revirements fréquents de fortune, à l'instabilité de la force et du salaire, à ceux qui cependant, dans les jours prospères, peuvent prélever une faible part de leur bien-être, en prévision des éventualités fâcheuses, à ceux qui dans l'adversité ont trop de pudeur pour étaler leurs souffrances et trop de dignité pour en mendier en quelque sorte le prix ; à ceux-là, l'assistance préventive et curative, **que leur facilite la mutualité** ; à ceux-là, point de charité, point de grâce, mais leur droit. Ils ont acheté au prix du nombre, bien plus que par l'élévation du prix, une sécurité complète contre les accidents qui peuvent, qui doivent malheureusement les atteindre dans le cours de l'existence.

Tel est le but que se propose la Société générale d'assistance mutuelle qui prend pour nom **la Famille**.

Aidons-nous, le ciel nous aidera ; voilà sa devise.

L'isolement, comme nous l'avons expliqué, étant la principale cause de la pauvreté individuelle, la mutualité est conséquemment le remède souverain de la pauvreté, si ce n'est du paupérisme.

La mutualité amène l'unité et le concert dans les services d'assistance; des efforts isolés n'approcheraient pas du but, même au prix du labeur le plus dispendieux et le plus accablant, tandis que **la Famille**, pour une cotisation qui sera réduite encore à mesure que son organisation se développera, offre, contre les principaux accidents de la vie et pour ses besoins essentiels, des services accélérés perfectionnés et complets.

L'économie et l'excellence du service que les chemins de fer et plus récemment les trains de plaisir, ont pu réaliser pour les voyageurs, nous l'obtiendrons dans l'assistance mutuelle, et particulièrement dans l'assistance médicale.

Un détail pris entre autres suffira pour donner une idée de l'assistance médicale : les malades seront visités tous les jours, et à toute heure, sur tous les points de Paris, par le médecin de leur quartier. Celui-ci arrivera en voiture, avec un élève délégué de la pharmacie centrale et un infirmier, en sorte que l'abonné n'attendra ni les visites, ni les médicaments, ni les aides, et jouira d'avantages qui semblaient réservés jusqu'ici aux grandes positions de fortune.

L'assistance judiciaire, malgré ses complications inévitables, ne sera pas moins religieusement offerte : prévenir les conflits par des consultations, par des avis sur les questions de droit et sur la gestion des affaires, sur le contentieux et le litigieux ; prévenir les procès par la persuasion et la conciliation amiables, par l'arbitrage officieux ; épouser les bonnes causes et le bon droit à ses risques et périls, pour peu que la partie adverse soit solvable, et, si l'affaire est douteuse, en accélérer la solution, en réduire les frais par les bons offices des avocats et des avoués de la société ; mais refuser formellement toute assistance à la chicane, voilà ce qu'elle espère accomplir.

Le but que se propose l'assistance économique promet aux abonnés des avantages non moins précieux. 1° Des registres d'offres et de demandes seront ouverts pour le placement des personnes et des choses. Les comités s'occuperont activement de trouver l'emploi des abonnés que recommandent leur mérite et leurs mœurs, et de faciliter entre tous l'échange des services et des marchandises. 2° Sur la demande des abonnés, répartition d'approvisionnements de toute espèce, au prix de revient en gros. 3° Conseils à domicile sur les affaires intérieures ; ou bien sur la salubrité et l'appropriation des logements, et sur toute contestation locative. 4° Autant que les ressources de la Société le permettront, prêts de faibles sommes sans aucun intérêt.

On aura peine à croire que tant de services puissent être offerts pour une cotisation dont le maximum est de 12 fr. et le minimum de 6 f. (²), mais les merveilles de la mutualité bien organisée ne s'arrêteront pas là ; certes elles dépasseront un jour tout ce que nous pouvons préjuger aujourd'hui. Comparez ce que coûte la vie d'un homme isolé, la vie de cinq personnes en famille (³) et l'existence d'un soldat dans l'armée (⁴), et vous pourrez déjà vous en faire une faible idée. Dieu nous garde de proposer l'application du casernement et du régime militaire à la vie civile ; mais peut-on faire quelques applications d'un système économique qui donne des résultats irrécusables ? Nous n'hésitons pas à l'affirmer.

Il serait trop long de passer en revue les autres services de l'assistance mutuelle ; nous renverrons aux statuts pour de plus amples informations.

En résumé le paupérisme en France a trois sources principales : le mauvais état du territoire, la concurrence et l'isolement. A ces causes génératrices opposez trois conditions contraires : et d'abord, sous le rapport agricole, ne conviendrait-il pas, ce nous semble, de donner une impulsion nouvelle à la culture, d'y attirer les bras, de défricher les terres incultes, de les assainir toutes, et de ne reculer pour cela devant aucun sacrifice, dans la certitude qu'on en sera indemnisé avec usure? Quant à la concurrence qui entraîne le desœuvrement des uns et le travail excessif des autres, l'entassement des habitants dans des espaces étroits, les vices et l'insalubrité des villes, il n'est pas moins urgent d'y remédier.

Comment? par la diversion d'un grand intérêt agricole offert aux travailleurs. Subsidiairement, hâtons-nous, c'est aux administrations publiques que je m'adresse, hâtons-nous de réparer les effets éloignés de la concurrence dans les cités en les soumettant à un vaste système d'assainissement hygiénique : circulation facile de l'air, de l'eau et de la lumière : plantation de masses végétales qui puissent suffire à l'indispensable contre-partie de notre respiration.

Reste la troisième source du mal, l'isolement. Ici cesse l'action obligatoire des gouvernements, le rôle de l'État : la mutualité seule peut arrêter les conséquences de la séparation morale ou physique, et surtout de l'isolement le plus cruel, de la solitude dans les villes, de la solitude sans la consolante nature, sans Dieu dont la voix y reste étouffée sous de vaines clameurs, de la solitude enfin dans un océan d'hommes qui ont aussi besoin de vous que vous avez besoin d'eux.

Les sociétés, petites ou grandes, ne peuvent être bien assises que sur la grande loi de la réciprocité.

Nous avons tous notre valeur productive et nos besoins de consommation : échangeons, échangeons encore, échangeons toujours. La vie du corps social, comme la vie de notre économie animale, n'est pas autre chose que l'échange organisé, que la mutualité dans l'ordre de Dieu. Nous pouvons donc compter pour notre entreprise, nous comptons avec assurance sur l'intérêt réciproque bien entendu, sur les fruits qu'il doit immédiatement rapporter, et beaucoup plus encore, sur des liens qui, lors même que tous les autres seraient rompus, relieront toujours les hommes entre eux, sur les liens mystérieux et célestes de la sympathie humaine; sentiments innés qui nous mèneront à notre insu, malgré nous s'il le faut, à l'accomplissement fatal de la loi suprême.

LA FAMILLE

SOCIÉTÉ GÉNÉRALE D'ASSISTANCE MUTUELLE

CHAPITRE PREMIER

Nature et Objet de la Société.

ARTICLE PREMIER.

Il y a entre les personnes qui ont adhéré, et celles qui adhéreront aux présents statuts, Société d'assistance mutuelle.

ART. 2.

La Famille, Société générale d'assistance mutuelle, telle est la dénomination de la Société.

Son siége est à Paris ([5]).

ART. 3.

Ses opérations s'étendent dans Paris, jusqu'à l'enceinte des fortifications.

ART. 4.

La durée de la Société est fixée à trente ans.

ART. 5.

La Société a pour objet d'assurer à ses adhérents des services correspondant aux accidents les plus ordinaires de la vie et à ses besoins légitimes, savoir :

1° L'assistance médicale ;

2° L'assistance judiciaire ;

3° L'assistance économique ;

4° L'assistance éducatrice ;

5° L'assistance filiale ;

6° L'assistance providente.

La Société **la Famille** ne fonde pour commencer que le service médical (médecine, hygiène, pharmacie, chirurgie, spécialités chirurgicales, accouchements).

La Société **la Famille** se propose d'établir, dès que sa position le permettra, les services suivants :

1° Service judiciaire, conciliation, arbitrage, consultation, plaidoiries, règlement des frais;

2° Service économique (économie professionnelle, économie domestique);

3° Service éducateur (éducation et instruction générale et professionnelle depuis le premier âge);

4° Service filial (soins à rendre aux vieux parents);

5° Service provident (sinistres, accidents).

Elle espère n'avoir pas à augmenter pour ces fondations le prix de la cotisation annuelle.

CHAPITRE II

Services.

ART. 6.

Les services d'assistance seront accomplis sous la surveillance d'un conseil général, par un conseil d'administration, et appliqués à domicile par des comités locaux de **la Famille** et les agents de l'administration.

CHAPITRE III

Service médical ([6]).

ART. 7.

Le service médical de la Société sera fait à domicile, par des médecins, chirurgiens et pharmaciens qui seront rétribués par elle et n'auront rien à recevoir des malades.

ART. 8.

Les malades seront visités tous les jours et au besoin à toute heure par le médecin préposé à leur quartier. Le médecin fera ses visites en voiture, accompagné d'un élève en pharmacie délégué par le pharmacien principal de l'administration pour le service de la pharmacie ambulante, et d'un infirmier à leurs ordres.

ART. 9.

Un corps de médecins consultants composé des plus grandes notabilités et des spécialités les plus distinguées de la science, fera aux frais de la Société le service des consultations du dispensaire central ; ses ordonnances pourront être exécutées à la pharmacie centrale. Des membres du corps consultant feront des consultations à domicile quand elles seront réclamées par le malade et le médecin du quartier.

ART. 10.

Des médecins consultants inspecteront le service local, l'état sanitaire des habitations; ils donneront des conseils d'hygiène, et veilleront à l'exécution des règlements d'administration médicale.

Les comités de **la Famille**, établis dans chaque quartier, s'occuperont, quand leurs services auront été acceptés, de l'accomplissement exact et rationnel des prescriptions du médecin. Les membres de ces comités, qui habiteront le plus près des malades, renseigneront les familles sur tout ce qui concerne l'infirmerie domestique ; ils les assisteront pour la garde des malades, et ceux qui auront reçu ce service en seront moralement débiteurs envers leurs coassociés.

CHAPITRE IV

Service judiciaire.

ART. 11.

Le service central est confié à un chef de division. Les questions litigieuses pourront être déférées à des avocats consultants attachés au dispensaire judiciaire de l'administration. Ceux-ci feront leur rapport à la direction générale, sur toutes les questions contentieuses et judiciaires qui leur seront soumises.

Le dispensaire judiciaire de **la Famille** se compose d'avocats, d'avoués, d'ex-magistrats, d'ex-juges consulaires ou prud'hommes.

ART. 12.

Les avocats consultants donneront à tour de

rôle, au siége de l'administration, des consultations à tous ceux qui leur seront adressés à cet effet par des comités locaux de **la Famille**. L'assistance judiciaire a principalement en vue de prévenir les conflits et de concilier les partis ; elle défend le bon droit des sociétaires, et peut même, autant que ses ressources le permettent, épouser complétement leur cause et leur donner des avocats. En tout cas elle se charge de faire régler et réduire les frais autant que faire se peut.

ART. **13.**

Des commissions judiciaires formées dans les comités locaux de **la Famille** se partageront le service de l'assistance judiciaire à domicile lorsqu'il sera réclamé par les abonnés. Ils offriront leurs conseils sur les affaires, les contrats, les questions contentieuses et litigieuses. Ils faciliteront de tout leur pouvoir les concordats, les liquidations et les recouvrements. Enfin ils s'emploieront à prévenir ou à terminer les procès et les différends par des démarches et un arbitrage officieux et gratuit. Sur leurs propositions, le comité local de **la Famille** pourra faire suivre les affaires devant le juge de paix, le conseil des prud'hommes et le tribunal de commerce, sauf à en référer à l'administration centrale.

CHAPITRE V

Service d'Assistance professionnelle et d'Économie domestique.

ART. 14.

Ce service est confié au chef de la division de l'agence générale et au dispensaire économique de la Société. Ce dispensaire se compose d'économistes, de financiers, de commerçants, d'industriels et d'agronomes éminents.

L'agence ouvre au profit des abonnés des livres d'offres et de demandes pour le placement des personnes et des choses. Elle fait profiter tous ceux qui le désirent de ses rapports avec les corps d'état, avec les chambres de commerce, d'industrie et d'agriculture, avec les syndicats, en un mot, de tous les renseignements qui peuvent les guider dans le marché intérieur et les expéditions à l'étranger. Elle peut même, comme récompense d'une grande aptitude et d'une grande probité, créditer quelques-uns de ses abonnés, dans une certaine mesure.

ART. 15.

Les membres des commissions économiques locales, s'occupent particulièrement de l'économie domestique : sur la demande des abonnés, ils s'attacheront à faire approprier et assainir les logements, traitant à l'amiable avec les propriétaires ; ils régleront les rapports de ceux-ci avec les locataires, et maintiendront les droits et devoirs réciproques ; ils faciliteront l'ordre et l'économie dans les ménages en procurant au prix de revient des provisions et denrées de toute espèce lorsque la demande en sera faite par les abonnés.

L'administration pourvoira à ce service par des acquisitions en gros réparties entre les comités de quartier au profit exclusif des abonnés. La Société se propose de former en outre pour ses abonnés des lavoirs, des buanderies et des bains, des ouvroirs, des ateliers, des cités. Ces établissements leur seront toujours ouverts sur la présentation de leur carte d'abonnement.

CHAPITRE VI

Service Éducateur.

ART. 16.

Ce service est confié à un chef de division. Les questions d'éducation et d'instruction pourront être déférées au dispensaire éducateur attaché à cet effet à l'administration de la Société.

ART. 17.

Les comités locaux de **la Famille** s'occuperont du placement, de l'éducation et de l'instruction des enfants pour qui leur sollicitude sera réclamée; ils surveilleront les soins qu'exigent les premières années; ils faciliteront autant que possible la fondation des gymnases de l'enfance, des écoles d'apprentissage et l'entrée dans les différentes carrières.

ART. 18.

L'Administration centrale se réserve de décider toutes ces questions en dernier ressort, et d'imprimer une direction morale à l'éducation.

Dès que l'état financier de la Société le permettra, elle fondera des colonies agricoles où seront rassemblés des enfants en bas-âge, des adolescents, des vieillards et invalides des deux sexes.

Ces colonies renfermeront plusieurs catégories de service.

1° Un service d'allaitement pour les nouveaux-nés.
2°   —   de sevrage.
3°   —   de gymnastique.
4°   —   de première instruction.
5°   —   d'instruction professionnelle.
6°   —   d'exploitation agricole et industrielle.

7°Un service de retraite pour les vieillards et les invalides civils.

Cette retraite aura cela de particulier, que les membres qui y seront admis seront utilisés dans les colonies selon leurs forces et leurs aptitudes : les femmes pour les enfants en bas-âge et les travaux domestiques, et les hommes pour l'enseignement, la coopération, la gestion et la surveillance des travaux de la colonie. Ces colonies seront établies aux abords de la capitale pour ne pas rompre les liens de famille.

CHAPITRE VII

Service provident contre les Sinistres et pour les Retraites.

Art. 19.

Ces services seront défrayés par une tontine mutuelle, et gérés par un chef de division sous la surveillance des comités locaux de famille.

CHAPITRE VIII

Obligations de la Société envers les Sociétaires.

ART. 20.

Tous les abonnés sont égaux devant la Société ; ils ont les mêmes droits à ses divers modes d'assistance.

ART. 21.

Tous ont droit aux consultations du médecin de leur quartier, à des heures et des jours réservés, et aux consultations du dispensaire central.

ART. 22.

Tous ont droit, dans les cas graves et sur l'avis du médecin de leur quartier, aux consultations des médecins attachés au corps consultant de la Société.

ART. 23.

Lorsque la situation de la Société le permettra, elle ouvrira des maisons de traitement et de convalescence où pourront être admis, sur l'avis du médecin ou du comité de famille du quartier, tous les sociétaires qui le réclameront.

ART. 24.

Tout sociétaire qui aura des réclamations à faire devra les adresser *franco* au siége de son comité de famille ; celui-ci, s'il y a lieu, les transmettra au Directeur, qui prescrira des mesures pour qu'il y soit donné prompte satisfaction.

Le bénéfice des institutions et des services que la Société se propose de fonder à l'avenir revient de droit aux plus anciens abonnés.

CHAPITRE IX

Comités de Famille.

ART. 25.

Il sera institué dans chaque arrondissement, et au besoin dans chaque quartier, un comité de famille.

Ce comité sera composé :

De personnes choisies d'abord, élues plus tard, parmi les membres du clergé, de la magistrature, de la médecine, de l'administration et de l'enseignement et des corps savants, et parmi les officiers ministériels.

Les mères de famille, les religieuses qui se

vouent à l'assistance et des abonnés de la Société,
seront également appelés à faire partie de ces comités.

Art. 26.

Les comités ont pour attribution : la surveillance
et le contrôle de l'assistance locale ; son application à domicile d'après les instructions du conseil d'administration, qui relève lui-même du conseil
général.

Art. 27.

Ils se divisent en commissions pour chaque service d'assistance ; ils nomment en conséquence des
commissions médicale, judiciaire, économique, etc.
Toutes les questions spéciales seront renvoyées à
ces commissions.

Art. 28.

Les comités recevront *franco* toutes les demandes,
plaintes et réclamations, ou vœux d'amélioration
qui leur seront adressés. Ils y feront droit quand
cela n'excédera pas leurs attributions ; dans le cas
contraire, ils en référeront au conseil d'administration.

Art. 29.

Les membres de ce comité se partageront, avec

les auxiliaires libres qu'il leur plaira de s'adjoindre, le service de l'assistance à domicile, dans la plus grande proximité de leurs habitations.

Art. 30.

Cette assistance locale consistera dans l'application à domicile des différents services stipulés ci-dessus.

Il est interdit de faire des cotisations ou des quêtes au sein des comités de **la Famille**.

Passé l'heure des visites médicales, les voitures de l'Administration seront à la disposition des membres des comités, pour l'accomplissement facile et prompt des tâches qu'ils auront assumées.

CHAPITRE X

Organisation de la Société.

CONSEIL GÉNÉRAL.

Art. 31.

Le Conseil général de la Société est composé :

1° Des notabilités de l'État, du clergé, de la magistrature, de l'instruction, de la médecine, du commerce, de l'industrie et de l'agriculture.

2° Des délégués de chaque comité de **la Famille.**

Art. 32.

Le Conseil se réunit une ou deux fois par an, pendant le laps de temps nécessaire pour examiner les comptes rendus de l'administration, et les cahiers des comités de famille; pour connaître les vœux formulés, et pour aviser au moyen de les satisfaire; enfin, pour juger en dernier ressort les questions en litige devant le conseil d'administration, pour décider des mesures exceptionnelles que nécessiteraient les circonstances, et des réformes à introduire.

———

CHAPITRE XI

Administration de la Société.

Art. 33.

Le Conseil d'administration de la Société se compose des cinq principaux fonctionnaires : 1° un directeur général; 2° un chef de service médical; 3° un chef de service judiciaire; 4° un chef de service économique; 5° d'un chef de comptabilité.

Art. 34.

Ce Conseil se réunit une fois par semaine au

moins; il peut être convoqué d'urgence par son président ou par le directeur.

Ses décisions feront loi, mais seront antérieurement soumises à l'approbation du Conseil général.

ART. 35.

Hors ces réunions toute l'autorité administrative incombe au directeur, qui est tenu de rendre compte de ses actes au Conseil d'administration.

ART. 36.

Les membres du Conseil sont amovibles; et le Conseil peut, à la majorité des trois cinquièmes des voix, révoquer tous les fonctionnaires supérieurs sans exception.

CHAPITRE XII

De la Cotisation.

ART. 37.

La cotisation fixe est de 12 fr. par an.

ART. 38.

Les personnes qui réclament l'abonnement pendant une maladie déclarée, dans l'état de grossesse, ou pour un enfant qui n'aurait pas encore atteint l'âge d'un an ; celles qui seront dans le cas d'avoir immédiatement besoin d'un des modes d'assistance établis (art. 6), paieront une indemnité sans préjudice de la cotisation ordinaire. Cette indemnité est fixée à 20 fr. Les personnes qui habitent des maisons ou des logements manifestement insalubres, pourront être soumises à la même indemnité.

Art. 39.

Le prix de la cotisation sera réduit lorsque l'abonnement aura lieu pour une famille ou une association, conformément au tableau ci-dessous :

```
Pour 1 personne. . . 12 francs.
  —   2    —    . . . 20    —
  —   3    —    . . . 27    —
  —   4    —    . . . 32    —
  —   5    —    . . . 35    —
```

A partir de ce nombre on ajoutera 6 fr. par tête ; à partir de 20 abonnés collectifs, le prix n'est que de 6 fr. par tête pour chacun d'eux.

L'article 38 ne sera pas appliqué aux abonnements collectifs de plus de 20 personnes.

———————

CHAPITRE XIII

Formation de l'Engagement social, sa Durée, sa Résiliation.

ART. 40.

Est admissible dans la Société toute personne habitant dans l'enceinte des fortifications de Paris.

La Société se réserve de refuser toute personne que le Conseil d'administration croira devoir ne pas y admettre, sans être tenue de faire connaître les motifs de ce refus.

ART. 41.

La demande d'admission dans la Société se fait par un acte d'adhésion aux présents statuts, énonçant les nom, prénoms, âge, profession et demeure de l'adhérent.

Cet acte est remis au vérificateur de la Société.

ART. 42.

Sur la déclaration du vérificateur l'adhérent reçoit un bulletin au timbre de la Société, qui constate son droit aux différents services d'assistance, et qui est accompagné d'un exemplaire des statuts délivré contre paiement de 50 centimes.

Art. 43.

L'abonnement n'a d'effet qu'à partir du versement de la moitié de la cotisation et du total de
l'indemnité dans les cas prévus par l'article 38.

Art. 44.

L'abonnement se contracte pour trois ans, le se-
mestre doit être payé d'avance.

Lorsque l'abonné n'a pas effectué son versement
au terme voulu, la Société suspend ses services, et
ne les reprend qu'après avoir été payée de l'ar-
riéré.

Art. 45.

Quand trois mois avant l'expiration de son engagement le sociétaire n'avertit pas la Société qu'il
n'entend pas renouveler son engagement, il s'opère
une tacite reconduction pour une année.

Art. 46.

Le Conseil d'administration peut prononcer l'ex-
clusion d'un sociétaire,

1° Lorsqu'il est notoire qu'il se livre à des habitudes qui compromettent sa santé et sa vie;

2° En cas d'habitudes de rixe, de maladies ima-
ginaires ou simulées, ou de condamnations infa-
mantes.

Art. 47.

L'abonnement cesse par la mort ou après l'é-
chéance du contrat.

La Société n'est tenue, en aucun cas, au décompte
des sommes reçues pour l'année courante, si ce n'est
lorsqu'elle exclut un sociétaire.

Chaque article de ce projet sera ultérieurement
développé dans des règlements particuliers, ainsi
que l'ordonnance intérieure des services.

Art. 48.

Les fonds provenant des cotisations et des actions
seront administrés sous la surveillance du gouvernement et déposés à la Banque.

CHAPITRE XIV

Des Actions.

Art. 49.

Les actions de la Société ne sont, à vrai dire, qu'un
abonnement en gros avec des avantages particuliers
en vue de faciliter l'assistance du riche envers le
pauvre.

Art. 50.

Les actions sont de 120 fr., représentant, par des

coupons annexés , vingt abonnements. Quatre coupons représentent un abonnement avec l'indemnité d'urgence prévue (art. 38).

Art. 51.

L'actionnaire, en détachant un des coupons de l'action au profit d'un tiers dont il inscrit le nom sur ce coupon, lui confère immédiatement les droits d'un abonné.

Ces droits ne valent qu'à partir de la présentation du coupon, soit au médecin, soit au comité, soit au secrétariat de l'administration.

NOTES.

NOTE PREMIÈRE.

D'après le recensement de 1846 (dernier recensement), la population de la commune de Paris renfermait intrà-muros, 945,721 habitants, non compris sa population flottante qui élevait le total au delà d'un million.

Sur ce million d'habitants, Paris renfermait 160,000 individus riches ou qui gagnent au delà de leurs dépenses.

Reste 840,000 habitants dans une position peu aisée; sur ces 840,000, Paris par ses hôpitaux, ses hospices et secours à domicile, en entretient constamment au delà de 50,000.

Les bienfaits de l'administration, chaque année, sont partagés entre 150,000 personnes; enfants à placer, malades à guérir, morts à enterrer.

Chacune des 840,000 personnes est soutenue 2 ans dans le cours de 35 ans, terme moyen de leur existence.

Chaque arrondissement de Paris compte terme moyen

un indigent sur 12 3/4 personnes ; le tableau ci-dessous donnera une idée relative de la fortune des 12 arrondissements de Paris.

Arrondissements.	Population.	Indigents.	Décès.
3e	49,071	2,446	547.
2e	75,087	2,650	705.
1er	66,497	3,601	812.
4e	45,151	3,607	833.
11e	50,508	3,900	1,357.
7e	58,944	3,941	1,727.
5e	66,547	4,706	992.
9o	41,895	4,931	1,922.
10e	81,480	5,084	2,386.
6e	81,037	6,940	1,307.
8e	72,729	9,938	1,996.
12e	70,189	12,350	1,988.

Le 3e arrondissement n'a qu'un pauvre sur 27 personnes et le 12e un sur 5 1/2.

Ce qui précède ne concerne que l'indigence officielle, mais que de situations difficiles sont en dehors de cette inscription !

Ce ne sont pas les moins nombreuses, mais on ne peut en donner le chiffre exact.

Les relevés statistiques qui suivent permettent de comparer les différents états de fortune et de se faire une idée très-approximative du paupérisme honteux et imminent.

Il y a à Paris 419,000 rentiers ; 47,000 écoliers et étudiants ; 95,000 domestiques ; 70,000 pauvres ; 70,000 étrangers ; 30,000 gens sans aveu.

Le nombre total des ouvriers et des domestiques des

deux sexes à Paris peut être évalué : ouvriers 320,000; domestiques 80,000 ; — total 400,000.

Un ouvrier sur 4, un domestique sur 2, dépose chaque année à la caisse d'épargne.

Il y a eu en 1839 dans les cimetières de Paris 4,323 concessions temporaires de terrain, 1133 concessions perpétuelles ; la ville en 1843 a payé aux pompes funèbres 149,000 francs pour 20,045 inhumations à 7 francs.

En 1840, Paris renfermait 27 congrégations religieuses, 40 communautés de femmes, 3 séminaires, 7 colléges, 130 institutions réunissant 9,000 élèves, 300 institutions de jeunes personnes comprenant plus de 10,000 élèves, 16 sociétés philanthropiques dont les plus remarquables étaient la Providence et les Missions, 260 sociétés de secours mutuels entre les ouvriers.

On comptait à cette époque 560 hôtels particuliers dans Paris.

Il y avait en 1832, à l'époque de l'invasion du choléra, 3,500 hôtels meublés : 102 du premier ordre, logeant de grands personnages, des dignitaires, des membres du corps diplomatique et de riches étrangers; 227 hôtels du 2e ordre, logeant des députés, des propriétaires, des négociants, des officiers supérieurs et des voyageurs étrangers; 1,566 hôtels du 3e ordre où se rendaient les marchands, les fermiers, les rentiers, les petits propriétaires, les employés, les officiers, les étudiants, les voyageurs de commerce, les commis et même des artisans, des domestiques et des militaires; 1,210 hôtels du 4e ordre pour les gens sans moyens d'existence assurés, se livrant pour la plupart à des professions inutiles, à la débauche, à l'intempérance, et vivant du produit d'industries illicites, ou par des ouvriers en bâtiment, des porteurs d'eau, manœuvres, jour-

naliers, commissionnaires, chiffonniers et individus appar-
tenant en général à la classe la plus malheureuse.

NOTE DEUXIÈME.

Voici sur quelle donnée nous avons établi le taux de la
cotisation annuelle :

Il a fallu d'abord se rendre compte du nombre des visites à faire annuellement pour une quantité déterminée
d'abonnés.

La statistique des hôpitaux renferme seule à ce sujet
des évaluations exactes. Malheureusement elles ne four-
nissent que des indices très-éloignés de ce qui doit se
passer en ville.

Quoi qu'il en soit, la mortalité dans les hôpitaux est de
11 7/10 p. 100, par conséquent chaque décès représente
environ 8 malades et demi.

La mortalité en ville étant de 3 1/5 p. 100 et chaque
décès supposant 8 malades et demi , nous aurions conséquemment en ville 27 malades 1/5 p. 100.

La durée moyenne du séjour des malades dans les hôpitaux est de 24 jours 22/100. Cela nous donnerait poar
27 malades 1/5, 658 8/10 visites pour cent abonnés par an.

Passons au taux de l'abonnement.

Nous ne pouvons nous régler sur le prix moyen de la
journée des hôpitaux réunis, qui est de 1 fr. 78 cent., car
dans les hôpitaux tout est compris : logement, nourriture, vêtement, mobilier, médicaments, médecin et chi-
rurgien.

Établissons donc notre prix d'abonnement sur le prix de revient du service.

Soit 25 malades par jour, représentant 1,600 abonnés, c'est-à-dire :   9,600   fr.

A combien reviendra le principal service ?

Une voiture et son cocher, fr.		3,000
Médicaments	«	1,600
Élève en Pharmacie	«	1,000
Médecin	«	2,000
Total	7,600	7,600 fr.
		2,000 fr.

Reste 2,000 fr. pour les frais d'administration, pour le service central, les frais des comités locaux de famille et les autres services d'assistance.

Nous n'avons établi notre revenu que sur les prix des abonnements collectifs : 6 fr. par tête ; à cause de l'imprévu auquel il faut s'attendre dans toute opération nouvelle, et des mécomptes que nous pouvons rencontrer dans nos calculs.

NOTE TROISIÈME.

M. de Gerando calcule ainsi le prix de la vie pour une famille de 5 personnes :

1° Dans les villes : nourriture 570 fr. ; logement 130 fr.; vêtements 140 fr. — Total 840 fr.

2° Dans les campagnes : nourriture 431 fr. ; logement 50 fr. ; vêtements 100 fr. — Total 581 fr.

Tandis que la moyenne annuelle des salaires est de 400 à 425 fr.

NOTE QUATRIÈME.

La solde journalière du soldat est de 47 centimes par jour, plus 18 centimes pour le pain. Total 65 centimes.

Elle se subdivise ainsi qu'il suit :

1° Pour prime journalière de la masse (de linge et chaussure) . . . . ⸱ 50 c.

2° Pour portion de la solde affectée à la nourriture, y compris les 2 centimes dont les chefs de corps peuvent prescrire au besoin le prélèvement sur les deniers de poche. 32

3° Deniers de poche, déduction faite des 2 centimes susceptibles d'être versés pour payer l'ordinaire. 5

4° Pain 18
____

Total . . . . 65 c.

Les 30 ou 32 centimes de chaque soldat versés à la masse de l'ordinaire, supportent les charges ci-après. Savoir :

1° Achat de viande (à raison de 25 décagrammes par homme).

2° Pain pour la soupe.

3° Légumes, sel, poivre.

4° Blanchissage, coupe de cheveux, rasage.

5° Blanc pour les buffleteries.

6° Encaustique pour les giberne et shako.

7° Huile pour l'entretien des armes.

8° Cruches et balais.

9° Éclairage des chambrées, etc., etc.

Si l'on défalque des 47 centimes affectés à la nourriture du soldat, les charges étrangères qu'il supporte, on verra que son alimentation ne coûte pas plus cher que celle de chaque membre d'une famille de 5 personnes, et cependant cette famille renferme des enfants et des vieillards, tandis que le militaire est dans la force et l'activité de l'âge.

Une famille vit dans la gêne quand le soldat, à prix moindre, trouve sa nourriture assez copieuse pour en faire des libéralités partout sur son passage.

NOTE CINQUIÈME.

Sur le même sujet, établie d'après le budget pour l'entretien général de 117,525 fantassins, de l'année 1849, lequel porte en dépense une somme de :

38,792,417 fr.
se décomposant par

21,857,543 ...	solde,
7,448,078 ...	vivres et chauffage,
2,374,471 ...	hôpitaux,
598,781 ...	service de marche,
4,278,024 ...	habillement,
1,794,107 ...	lits militaires,
441,413 ...	transports généraux,

c'est-à-dire une somme de :

186 fr.	par an pour	solde de chaque homme,
64	—	vivres et chauffage, id., id.,
20	—	frais d'hôpitaux, id., id.,
5	—	service de marche, id., id.,
36	—	habillement, id., id.,
15	—	lits militaires, id., id.,
4	—	transports généraux, id., id.,

Soit : 330 . . . . pour le tout, ce qui fait ressortir la dépense générale à un peu moins de fr. 0,91 par jour.

Il convient sans doute, appliquant ce tarif à l'ouvrier, d'en déduire :

1° Les frais de service de marche, c'est-à-dire,

        5 fr. par an.

2° — transports généraux, 4 —

3° — lits militaires, 15 —

fr. 0 20 par jour environ,

qui viendront compenser les frais de loyer non compris dans l'état ci-dessus, par suite du casernement qui incombe aux bâtiments de l'État.

Il est en outre alloué à chaque homme, à titre de première mise, une somme de 40 fr. environ pour son fonds de linge et chaussure.

C'est donc cette somme qu'il faudrait ajouter à la dépense de chaque ouvrier, qui, dès lors, serait beaucoup mieux et plus confortablement couvert que la majorité d'entre eux.

La somme annuelle de dépense se monterait donc à 370 fr., somme qu'il serait facile à l'association de diminuer par une application convenable d'économie dans l'habillement, ainsi qu'il résulte de l'état suivant :

Effets exigés du soldat et payés par sa masse (linge et chaussure).		*Effets de même nature nécessaires à l'ouvrier.*	
Chemise toile	4 »	Chemise en toile plus forte	3 75
Caleçon cretonne coton	1 60	Caleçon cretonne coton	1 60
Col	» 80	Cravate laine croisée noire	1 50
Calot de coton	» 25	Calot de coton	» 25
Mouchoir	» 45	Mouchoir	» 45
Guêtres en toile	1 20	Chaussettes fortes fil	» 70
Id. en cuir	3 »	Id. laine	1 40
Gants	» 50		
Bretelles	» 45	Bretelles	» 45
Souliers	5 25	Souliers plus forts	6 »
Étui d'habit	» 80		
Coiffe de shako	» 80		
	19 10		16 10

Et en plus, pour les compagnies d'élite, pompons, épaulettes, et pour tous le havresac, du prix de 10 fr., qui trouverait son remplacement en mobilier à l'usage de l'ouvrier.

Soit . . . . 3 »
en faveur de la masse de l'ouvrier.

        19 10

Effets d'habillement fournis aux recrues.		*Effets d'habillement nécessaires à l'ouvrier.*	Tenue d'hiver.	Id. d'été.
Tunique	35 »	Paletot fort	38 »	
Capote	36 »	Veste	19 »	
Veste	19 »	Pantalon	10 »	
Pantalon	11 20	Casquette drap fort	2 »	
Bonnet de police	4 »	Caban laine		14 »
		Blouse toile forte		5 »
		Pantalon coutil fort		4 »
		Casquette		» 60
	105 20		69 »	23 60

Il en résulte une économie de **11 fr. 60 c.** sans décompter celle d'un double vêtement.

NOTE SIXIÈME.

Bien entendu que la société *la Famille* ne peut s'immiscer en rien dans les affaires du corps médical et qu'elle doit éviter de porter le moindre préjudice à la profession la plus dévouée, la plus désintéressée et la moins comprise dans le public.

D'un autre côté, il y a de graves inconvénients à séparer complétement le riche du pauvre, à rompre toute union et toute solidarité entre eux.

Comment sortir de cette difficulté?

Établir différentes classes, ce n'est pas faire de la mutuelle ; offrir différents services, à différents prix, c'est sortir du principe de l'égalité, c'est envahir le domaine des professions libres ; contracter pour les premières classes des sous-abonnements avec les médecins et les pharmaciens, c'est une complication dans laquelle la Société ne pourrait entrer qu'après s'être fortement constituée, et dans le cas où cette organisation serait réclamée par a majorité des praticiens.

Pour concilier tous les intérêts, la société *la Famille* admet tout le monde à s'abonner au même taux, elle invite les personnes aisées à prendre des abonnements au profit de ceux qui ne le sont pas. Mais elle n'offre aux abonnés qui sont notoirement dans un bien-être suffisant que le service des consultations du dispensaire central et le service d'urgence en attendant le médecin de l'abonné. Ce service ne peut durer plus de 38 heures. Le médecin du malade peut demander, au delà, le concours du médecin du quartier et même se faire remplacer par lui ; mais sous peine de révocation, le médecin de l'administration ne supplantera jamais ses confrères.

Cette différence dans le service selon la position des abonnés est plus apparente que réelle ; elle n'est qu'une compensation : les visites, chez les personnes aisées, dépensent beaucoup de temps, et le temps est ce qui coûte le plus cher à la Société. Quant à l'arbitrage de la position, la Société s'appuie sur l'art. 40, si celui qui demande l'abonnement n'adhère pas au service modifié comme ci-dessus.

S'adresser provisoirement (*franco*) pour renseignements :

A M. de Castricum, rue du Haut-Moulin, n° 20, Faubourg du Temple.

— IMPRIMERIE DE J. CLAYE, ET Cᵉ, —

7, RUE SAINT-BENOÎT.

Pour paraître prochainement :

MÉROPATHIE

OU

CONCILIATION DE L'HOMŒOPATHIE ET DE L'ALLOPATHIE

EN UN SEUL CORPS DE DOCTRINE;

Par le docteur Ant. Lembert.

ORGANISME SOCIAL

DÉCALQUÉ DE L'ORGANISME HUMAIN,

Par le même Auteur.

PARIS. — IMPRIMÉ PAR J. CLAYE ET Cᵉ, RUE SAINT-DENOIT, 7.

www.ingramcontent.com/pod-product-compliance
Lightning Source LLC
Chambersburg PA
CBHW061326060726
47596CB00003B/1097